W0069537

Bärbel Oftring

Wir entdecken den Garten

Forschertipps und Spielideen rund ums Jahr

Mit Illustrationen von Thomas Röhner

COPPENRATH

Dieses Buch gehört:

_____

Bärbel Oftring

Wir entdecken den Garten

Forschertipps und Spielideen rund ums Jahr

Mit Illustrationen von Thomas Röhner

COPPENRATH

Entdecke die Natur im Garten!

Bäume, Sträucher, Blumen, Gemüse, Beeren und Früchte wachsen im Garten und laden viele Tiere zum Verweilen ein: Bienen, Schmetterlinge und Hummeln fliegen von Blüte zu Blüte, Schwebfliegen stehen in der Luft wie kleine Hubschrauber, Spinnen bauen im Gebüsch ihre Netze und Käfer krabbeln auf Blättern und Stängeln herum. Vögel trällern ihre typischen Lieder in den Baumkronen und Igel erfüllen die Nacht mit ihrem lauten Schmatzen.

Im Garten ist rund ums Jahr richtig viel los. Direkt vor deiner Tür kannst du jede Menge erkunden, entdecken, spielen und basteln. Nimm dir Zeit, denn viele Tiere leben versteckt und sind sehr scheu. Hast du heute schon eins entdeckt?

In diesem Buch findest du tolle Ideen für Frühling, Sommer Herbst und Winter – mit vielen Basteltipps, Spielanregungen, Experimenten und Forscheraufgaben.

Mit einer Lupendose kommst du vielen kleinen Tieren auf die Spur!

Mit der Lupe in den Garten

Im Garten entdeckst du wunderschöne Dinge wie Vogelfedern, leere Schnecken-gehäuse, Steine, Blätter, harte Früchte und vielgestaltige Blüten. Möchtest du dir diese Fundstücke genau anschauen, brauchst du eine Lupe oder eine Lupen-dose. Damit kannst du auch Tiere beob-achten, die sonst schnell wegfliegen oder -hüpfen würden – sei aber achtsam und lass die Tiere nach wenigen Minuten wie-der dort frei, wo du sie aufgespürt hast.

Dein Gartenforscherbuch

Wenn du Lust hast, besorge dir ein Notiz-buch mit leeren Seiten. Das wird dein Gartenforscherbuch, in das du alles hin-einschreiben, -kleben und -malen kannst, was du im Garten so entdeckst: Tiere, Blumen, Blätter, Tierspuren, Gräser, Federn und noch viel mehr.

Achtung!

Bei manchen Bastelideen und Experimen-ten musst du mit einem Messer schneiden. Bitte einen Erwachsenen, dir zu helfen.

 # Frühling im Garten

Schneeglöckchen
im Schnee

An den ersten wärmeren Tagen im neuen Jahr erwacht die Natur aus ihrem eisigen Winterschlaf. Dort, wo die Sonnenstrahlen schon kleine Löcher in den Schnee geschmolzen haben, strecken Schneeglöckchen ihre Blüten hervor. Bald folgen die hübschen Blütenkelche der Krokusse, Tulpen und Osterglocken. Hast du Lust, ein buntes Frühlingsbild von deiner Lieblingsecke im Garten zu malen?

Jetzt singen auch wieder die Vögel – schon vor Sonnenaufgang beginnt ihr Konzert! Es zeigt uns, dass die Brutzeit begonnen hat: Die Vögel suchen nun einen Partner, bauen ein Nest, legen Eier und beginnen zu brüten.

Nun kehren nach und nach die Zugvögel zu uns zurück, die den langen Winter im warmen Süden verbracht haben. Und wenn im April/Mai die ersten Schwalben wieder da sind, kannst du dich schon so langsam auf den Sommer freuen.

Das passiert noch im Frühlingsgarten:

- Blüten- und Blätterknospen öffnen sich: Ist es nicht erstaunlich, wie eng gefaltet die Pflanzenteile unter der Knospenhülle ruhten?
- Erste Schmetterlinge fliegen.
- Hummeln und Bienen summen um Weidenkätzchen, um Blütenstaub zu sammeln.
- Marienkäfer verlassen ihre Winterverstecke und krabbeln herum.
- Igel erwachen aus dem Winterschlaf.

Ein Igel erforscht den Garten.

Das kannst du in dein Gartenforscherbuch eintragen:

- Wann hast du die erste Schwalbe gesehen?
- Wie sah die erste Blüte aus, die du in diesem Frühling entdeckt hast?
- Welche Vögel beobachtest du in deinem Garten?
- An welchem Tag lag der letzte Schnee?

Forschertipps

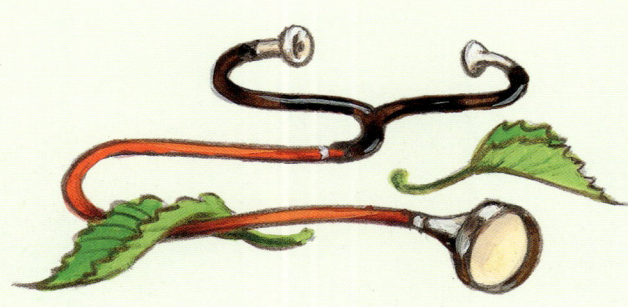

Rindenbilder

Lege an den Stamm jedes Baumes in eurem Garten ein Blatt Papier und male mit Wachskreide darüber, sodass sich die Struktur der Rinde auf das Blatt überträgt.

Lauschangriff

In seinen Wurzeln hat der Baum den langen Winter über viele Nährstoffe gespeichert. Im Frühling zieht er Wasser mit Nähr- und Mineralstoffen aus dem Boden und schickt diesen Baumsaft bis hoch in alle Zweige. So können sich neue Blätter bilden. Mit ein bisschen Glück und einem Stethoskop kannst du im frühen März den Baumsaft rauschen hören.

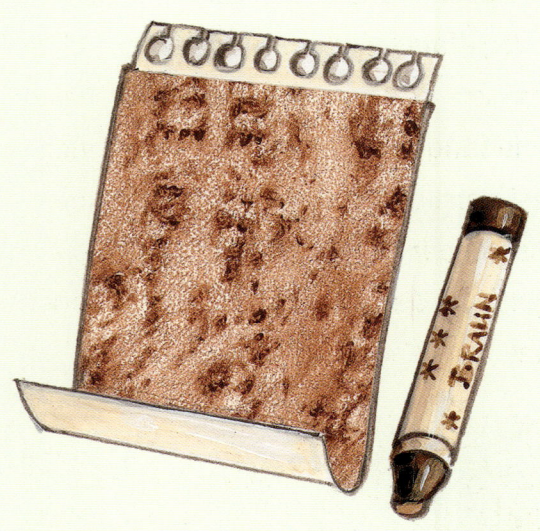

Tagpfauenauge   Kleiner Fuchs

Der erste Schmetterling im Jahr

Tagpfauenauge, Kleiner Fuchs und ein paar andere Schmetterlingsarten überwintern nicht als Ei, Raupe oder Puppe, sondern als ausgewachsene Falter. An den ersten warmen Tagen verlassen sie ihre Winterverstecke in Ritzen und Spalten und gehen auf Nahrungssuche.

Wer singt denn da?

Vor Sonnenaufgang fangen die Vogel-
männchen an zu singen. Mit dem Gesang
locken sie die Weibchen an. Außerdem
kennzeichnen sie so ihr Revier, in dem sie
ein Nest bauen und ihren Nachwuchs
groß ziehen – und in dem sie keine anderen Vogelfamilien der gleichen Art dulden.
Denn sonst gäbe es nicht genügend Futter
für die Jungen. Hörst du einen singenden
Vogel, versuche, ihn zu entdecken: Dabei
musst du ganz vorsichtig sein, damit der
Vogel nicht davonfliegt. Sieh dir die Vögel
genau an. Kannst du sie unterscheiden?

Kohlmeise

Blaumeise

Amsel

Star

Hummeln auf der Spur

Im zeitigen Frühjahr ernähren sich viele
Krabbeltiere vom Blütenstaub der Weiden-
kätzchen. Beobachte, wie sich dort der
gelbe Blütenstaub bildet und welche Be-
sucher eintreffen. Erkennst du verschieden-
farbige Hummeln? Hummeln bauen ihre
Nester in verlassenen Mäusebauen oder
Erdspalten. Findest du ihre Wohnungen?
Manchmal triffst du eine müde Hummel.
Biete ihr einen Honigtropfen an.

Experimente

Welche Körner sind im Vogelfutter?

Vogelfutter, das du im Laden kaufst, besteht meist aus Sonnenblumenkernen und anderen Samen. Möchtest du wissen, von welchen Pflanzen die Samen im Vogelfutter stammen, so säe im April/Mai eine Handvoll in einer Schale aus. Sind die Samen gekeimt und haben die Pflanzen Blätter oder sogar Blüten entwickelt, kannst du mithilfe eines Blumenbuches herausfinden, wie sie heißen.

Der Sonne entgegen

Auch Bohnen sind Samen. Vorsicht: Ungekocht sind sie giftig. Stecke drei Bohnen aus der Küche zusammen in einen kleinen Blumentopf, den du zuvor mit feuchter Erde gefüllt hast. Dann stellst du den Topf in einen Schuhkarton und schneidest ein 2-Euro-Stück-großes Loch in den Deckel. Achte darauf, die Erde stets gut feucht zu halten. Nach ein paar Tagen keimen die Pflanzen. Schaffen sie es, durch das Loch zu wachsen? Ja, denn Pflanzen wachsen immer zum Licht. Die Triebe sind aber ganz hell, denn ohne Sonnenlicht konnten sie kein Blattgrün bilden.

Eine Löwenzahnblüte

Hörst du die Regenwürmer?

Lass einen Regenwurm, den du ganz vorsichtig anfasst, über ein glattes Butterbrotpapier kriechen. Wenn du ganz leise bist, hörst du, wie die feinen Borsten auf dem Papier kratzen. Regenwürmer gehören in die Tiergruppe der Wenigborster – darum bedecken nur ganz wenige Borsten rundum ihre Haut. Mit der Lupe kannst du diese Borsten sehen.

Wie viele Blüten hat der Löwenzahn?

Eine gelbe Löwenzahnblüte sieht wie eine einzige Blüte aus. Wenn du wissen willst, ob das richtig ist, zerschneide sie in ihre Einzelteile und schau sie dir mit der Lupe an. Du entdeckst, dass der Blütenkopf aus ganz vielen einzelnen Blütenblättern besteht. Tatsächlich besteht das Blütenköpfchen aus mehreren Hundert Einzelblüten. Aus jeder Einzelblüte entwickelt sich ein Samenkorn mit Flugschirmchen. Auch Gänseblümchen, Margeriten und Sonnenblumen sind Blütenstände aus vielen kleinen Einzelblüten.

Spiel und Spaß

Pusteblumen sind prima!

Das Spiel der Bienenkönigin

Im Frühling erwachen die Bienen aus ihrer Winterstarre. Hast du Lust auf ein kleines Bienenkönigin-Spiel? Du und deine Freunde, ihr seid die Bienen. Wählt eine Bienenkönigin, die nun verschiedene Anweisungen gibt, die ihr ausführt: Streckt die Hände über den Kopf. Schlagt mit euren Flügeln. Summt ganz laut. Wenn die Bienenkönigin ruft: „Bienchen, brumm brumm brumm!", läuft jeder los und versucht, den nächsten Baum, einen Zaun oder eine Mauer zu erreichen. Gleichzeitig versucht die Bienenkönigin, eine Biene zu fangen, die dann die nächste Bienenkönigin wird. Viel Spaß!

Fang die Pusteblume!

Puste kräftig in eine Pusteblume und versuche, die kleinen Flugschirmchen zu fangen. Gar nicht so einfach! Du kannst dieses Spiel auch mit deinen Freunden spielen. Oder: Wer schafft es, eine Pusteblume zu pflücken, ohne dass sich ein Flugschirmchen löst? Und wer kann mit einem einzigen Pusten alle Schirmchen in die Luft wirbeln?

„Ich bin im Garten und sehe ..."

Alle Mitspieler schauen sich im Garten um. Der Erste beginnt und sagt zum Beispiel: „Ich bin im Garten und sehe eine Tulpe." Der Zweite wiederholt das Gesagte und ergänzt: „Ich bin im Garten und sehe eine Tulpe und einen Schmetterling." Der Nächste: „Ich bin im Garten und sehe eine Tulpe, einen Schmetterling und eine Biene." So geht das Spiel immer weiter, bis der Satz so lange ist, dass keiner ihn sich mehr merken kann. Dann startet eine neue Runde.

Osterspiele

Zu Ostern gibt es überall bunte Eier – hart gekochte, ausgeblasene und welche aus Gips, Holz und Schokolade. Mit diesen robusten Eiern kannst du schöne Spiele im Garten machen:

- Beim Eierlauf versuchst du, schneller als deine Freunde ein Ei, das du auf einem Löffel balancierst, ins Ziel zu bringen.
- Beim Staffel-Eierlauf bilden mehrere Kinder eine Mannschaft: Jeder läuft die vereinbarte Strecke mit dem auf einem Löffel balancierten Ei und übergibt es dann auf den Löffel des nächsten Spielers. Welche Gruppe ist am schnellsten, ohne dass das Ei hinunterfällt?

ZiEL

Basteln und Bauen

Nistkästen und Co.

Jetzt ist die richtige Zeit, um Nistkästen aufzuhängen. Da jede Vogelart ganz eigene Vorlieben hat, gibt es ganz verschiedene Nistkästen zu kaufen, zum Beispiel Kästen für Höhlenbrüter wie die Meisen oder Reihenhauskästen für Sperlinge. Außerdem kannst du gemeinsam mit einem Erwachsenen Kiefernzweige mit etwas Draht so an einem Baum befestigen, dass eine Tasche entsteht. Vielleicht brüten darin Drosseln, Finken oder Grasmücken.

Genauso gut wie gebündelte hohle Pflanzenstängel und Zweige sind tiefe Löcher in dicken, trockenen Ästen und Stämmen für die Wildbienen geeignet.

Wildbienenhotel

Anders als Honigbienen leben Wildbienen nicht in einem Staat, sondern einzeln. Sie legen ihre Eier in schmale Ritzen und Spalten. Hast du Lust, eine Kinderstube für den Wildbienen-Nachwuchs zu basteln? Dafür brauchst du hohle Pflanzenstängel, zum Beispiel Schilfstängel, oder Zweige von Holunder, Heckenrose und Sommerflieder. Kürze die Stängel auf etwa 15 bis 20 cm und binde sie zu Bündeln. Die hängst du an einem trockenen, regengeschützten und sonnigen Platz im Garten auf. Jetzt heißt es: Abwarten!

Mini-Landschaft

Frag deine Eltern, ob du einen Teil des Blumenbeets in eine Landschaft für deine Spielzeugfiguren und -tiere verwandeln darfst. Mit flachen Steinen, Vogelsand, Kies, Rindenstücken und anderen Naturmaterialien zwischen den Blumen und Sträuchern kannst du eine kleine Gartenlandschaft mit Wegen, Verstecken und Mauern gestalten. Vielleicht baust du auch eine kleine Terrasse? Darauf machen sich bestimmt deine Puppenmöbel gut.

Auch aus Weidenzweigen lassen sich tolle Hütten bauen.

Indianer-Tipi

Aus sechs langen Bohnenstangen baust du dir ein richtiges Indianer-Tipi. Steck dazu die Stangen im Kreis in den Boden und binde sie oben mit einer dicken Schnur zusammen. An jeder Bohnenstange steckst du ein paar Samen in die Erde. Gut geeignet sind rankende Kapuzinerkresse, Hopfen und Zierkürbisse, die bis zum Sommer an den Stangen emporgewachsen sind. Auch Bohnen sind prima. Aber denke daran, dass sie roh giftig sind, also nur gekocht gegessen werden dürfen.

 # Sommer im Garten

Lange heiße Tage und kurze warme Nächte, im Wasser planschen und Eis essen – das ist der Sommer! Im Garten flattern jetzt bunte Schmetterlinge und Bienen von Blüte zu Blüte. Laufkäfer gehen im Schatten der Gemüsebeete auf die Jagd nach Schnecken, und die Kreuzspinne hat ein großes Radnetz im Gebüsch gebaut: Nachts sitzt sie mitten im Netz, doch wo versteckt sie sich am Tag?

Heuschrecken zirpen, Schwebfliegen stehen wie Hubschrauber in der Luft – und bei Einbruch der Dämmerung können Stechmücken lästig werden. Je mehr Insekten im Garten sind, desto mehr Vögel, Igel und andere Tiere fühlen sich hier wohl. Besonders viele Tiere findest du dort, wo der Garten weniger aufgeräumt ist: am Kompost, an einem Stein- oder Zweighaufen oder in einer Ecke mit „Unkräutern".

Am Gartenteich kannst du nun Libellen beobachten. Ihre Kinderzeit verbringen sie als braune Larven am Grund des Teiches. Wenn du am ersten sonnigen Tag nach ein paar Regentagen frühmorgens zum Teich gehst, kannst du vielleicht beobachten, wie eine Libellenlarve aus dem Wasser kriecht und die Libelle schlüpft. Das musst du unbedingt in dein Gartenforscherbuch eintragen.

Im Sommer hörst du die Frösche quaken.

Das passiert noch im Sommergarten:

- Nachts sind Fledermäuse (in Gärten meist Zwergfledermäuse), Siebenschläfer und Igel unterwegs.
- Ringelblumen, Klatschmohn und Zaunwinde öffnen ihre Blüten nur an schönen Tagen.
- Die Vögel verstummen langsam, denn die Brutzeit ist nun vorbei.
- Geflügelte Ameisen verlassen die Nester – das sind Männchen und Weibchen auf dem Hochzeitsflug.

Das kannst du in dein Gartenforscherbuch eintragen:

- Wann hast du die erste Fledermaus gesehen?
- Wann hast du den ersten Frosch quaken gehört?
- Wann war das erste Gewitter in diesem Sommer?
- Wie groß war das größte Hagelkorn, das du entdeckt hast?

Finde 10 verschiedene Insekten!

Alle kleinen Krabbeltiere, die sechs Beine besitzen, gehören zu den Insekten. Das sind zum Beispiel Käfer und Bienen. Erkunde an einem sonnigen Tag den Garten und versuche, zehn verschiedene Insekten zu finden. Wie viele entdeckst du an einem regnerischen Sommertag?

Einfach auf der Wiese liegen

Leg dich ausgestreckt auf den Bauch und erforsche die Pflanzen, Bodentiere und alles andere, was um dich herum so lebt. Ein besonderes Erlebnis ist es, im Garten zu übernachten. Nachts hört sich alles ganz anders an als am Tag: Fledermäuse umflattern einen Obstbaum mit knisternden Geräuschen, und wenn ein Igel laut schmatzend durch die Beete läuft, meinst du, es käme ein Riesentier daher.

Auf der Wiese gibt es viel zu sehen, zu hören und zu riechen.

Nacktschnecken unter der Lupe

Weil die gehäuselosen Nacktschnecken nicht weglaufen können, kannst du sie ganz einfach beobachten – auch mit einer Lupe. Auf dem Rücken erkennst du einen fein gekörnten Bereich – dort sitzt bei den Gehäuseschnecken das Häuschen. An der Seite öffnet und schließt sich regelmäßig eine Öffnung. Das ist das Atemloch, mit dem die Schnecke Luft holt. Wenn du die Schnecke mit einem Salatblatt fütterst, siehst du, wie sie frisst.

Die Larve in der Nuss

Halte nach einer unreifen Haselnuss Ausschau, in der sich ein kleines Loch befindet. Lege ein Blatt Papier auf dein Ohr und die Nuss darauf. Mit ein bisschen Glück hörst du knabbernde Geräusche. Das Blatt Papier wirkt dabei wie ein Verstärker. In der Nuss wohnt die Larve des Haselnussbohrers. Der Käfer hat im Frühling das Loch in die Nuss gebohrt und ein Ei hineingelegt. Mittlerweile ist die Larve geschlüpft und frisst die Nuss von innen auf. Im Herbst ist sie kräftig genug, um die Nuss zu verlassen.

Experimente

Regenbogenfarben herbeizaubern

Leg ein weißes Blatt Papier an einen sonnenbeschienenen Platz. Über das Papier hältst du mit einem Abstand von etwa 10 cm ein durchsichtiges Trinkglas, das du halb mit Wasser gefüllt hast – und auf dem Papier erscheinen die Farben des Regenbogens. Mal ihn ab.

Unterirdische Gänge

Gibt es in eurem Garten Maulwurfshügel? Dann gräbt sich wohl ein schwarzhaariger Insektenfresser durch den Erdboden. Zwischen den Hügeln unter der Erde befinden sich seine Laufgänge. Bohre sie mit einem Stöckchen an, stecke dünne Zweige hinein und warte ab. Mit ein bisschen Glück siehst du, wie sie wackeln, wenn der Maulwurf durch seinen Gang krabbelt.

Lieblingsfarben auf der Leine

Um herauszufinden, welche Farben welche Insekten anlocken, hängst du Blätter oder Kleidungsstücke in verschiedenen Farben an eine Wäscheleine. Warte ab. Es dauert nicht lange, bis sich die ersten Tiere für die Sachen interessieren. Zähle, wie oft welche Art eine Farbe anfliegt.

Wer wohnt da im Gebüsch?

Lege ein großes weißes Tuch unter einen Busch und schlage dann mit einem Stock auf die Zweige. Schon plumpsen jede Menge Krabbeltiere auf das Tuch. Sieh sie dir mit einer Lupe genau an und versuche, mit einem Bestimmungsbuch herauszufinden, um welche Tiere es sich handelt.

Wollsocken im Sommer

Ziehe alte Wollsocken an und laufe damit durch die Blumenwiese. Welche Samen an den Socken hängen geblieben sind, erfährst du, indem du zunächst Blumenerde in eine flache Schale füllst und darauf nebeneinander die Socken legst. Dann gießt du die Socken und stellst das Ganze an einen warmen und hellen, aber nicht zu sonnigen Platz. Bald keimen die Samen und die ersten Blättchen sprießen.

Ganz schön spannend, der Barfuß-Parcours.

Barfuß laufen

Bau einen Barfußweg aus Rindenstücken, kleinen Zapfen, Sand, Zweigen, Steinchen, Heu, Moos und anderen Dingen aus dem Garten. Wer traut sich, barfuß über kantige Steinchen zu gehen? Und wer errät mit verbundenen Augen, über was er gerade läuft?

Huh, das kitzelt!

Regentropfen fangen

Draußen fällt warmer Sommerregen. Geh mit deinen Freunden in den Garten und fangt Regentropfen! Dazu müsst ihr nur die Handflächen in den Regen halten. Na, wer hat die meisten Tropfen gefangen? Ihr könnt auch zählen, wie viele Tropfen auf euer Gesicht fallen. Wer schafft es, einen Regentropfen mit der Zunge zu fangen?

Zehenspiel

Alle Kinder ziehen Schuhe und Strümpfe aus, setzen sich im Kreis auf die Wiese und strecken ihre Füße in die Mitte. Das jüngste Kind bekommt ein kleines Stöckchen, hält es mit den Zehen fest und versucht, es an den Fuß eines Nachbarn weiterzugeben. Das ist gar nicht so einfach. Ob ihr es schafft, das Stöckchen eine Runde lang weiterzureichen, ohne dass es hinunterfällt?

Wasser-Staffellauf

Ein erfrischendes Spiel mit deinen Freunden ist dieser Staffellauf, für den du zwei mit Wasser gefüllte Eimer, zwei leere, gleich große Limoflaschen (aus Plastik) und zwei kleine Joghurtbecher brauchst. Dann teilt ihr euch in zwei gleich große Gruppen auf. Jede Gruppe bekommt einen Wassereimer und einen Joghurtbecher. Die leeren Limoflaschen werden nebeneinander in einiger Entfernung hinter eine Ziellinie gestellt. Nun versucht jede Gruppe, so schnell wie möglich das Wasser aus dem Eimer mit dem Becher in die eigene Limoflasche zu füllen. Die Mannschaft, die als Erstes ihre Flasche bis obenhin mit Wasser gefüllt hat, ist Sieger.

Bloß nichts verschütten!

Schatten fangen

Dieses Fangspiel funktioniert am besten, wenn die Sonne am späten Nachmittag oder frühen Abend sehr tief steht und alle Sachen lange Schatten werfen. Trommle deine Freundinnen und Freunde zusammen und schon geht's los. Ein Spieler ist der Fänger und muss versuchen, die Schatten der anderen Spieler zu fangen, indem er kurz hineintritt. Wer gefangen ist, muss so lange stehen bleiben, bis ein anderer Spieler in seinen Schatten tritt und ihn so befreit.

Basteln und Bauen

Ein Windspiel

Dafür brauchst du: 1 runde Käseschachtel, Klebstoff, buntes Papier, Blätter, Blüten, 1 Handbohrer, Bindfaden, 1 dicke Perle, Klimpersachen (leere Teelichtbehälter, dicke Schrauben oder Nägel, ausgediente CDs ...).

Beklebe die Käseschachtel mit dem Papier, den Blättern und den Blüten. Sobald der Klebstoff trocken ist, bohrst du in die Mitte der Schachtel ein Loch. Ziehe ein Stück Bindfaden hindurch und knote die Perle daran fest, sodass der Faden nicht hinausrutschen kann, wenn du später das andere Ende an einen Ast bindest. Bohre nun im Abstand von etwa 2 cm Löcher in den Schachtelrand und knote Bindfadenstücke daran fest. An den anderen Enden befestigst du die Klimpersachen.

Mein Garten-Blumen-Blätter-Bild

Im Garten findest du viele tolle Sachen: Vogelfedern, Schneckengehäuse, Blätter, Blüten, schöne Steine, Grashalme ... Damit kannst du ein schönes Bild gestalten: Male einen Garten mit Beeten, einer Wiese und Bäumen und klebe die trockenen, sauberen Fundstücke an die passenden Stellen.

Blüten-Eiswürfel

Pflücke Gänseblümchen und schneide den Stiel knapp unterhalb der Blüte vorsichtig mit einer Schere ab. Nun füllst du einen Eiswürfelbehälter zur Hälfte mit Wasser, gibst in jedes Fach eine Blüte und lässt es gefrieren. Dann füllst du den Rest auf und lässt es wieder gefrieren.

Schön, nicht wahr?

Je mehr Blumen, desto hübscher wird der Kranz.

Blütenkette

Im Sommer blühen überall die buntesten Blumen. Die Gänseblümchen auf dem Rasen darfst du sicherlich pflücken. Hast du Lust, daraus eine wunderschöne Blütenkette als Hals- oder Haarschmuck zu machen? Du fädelst die kurzstieligen Blüten mit einer Nadel auf einen bunten Faden auf oder du pikst in jeden Stiel ein kleines Loch, durch das du den Stiel der nächsten Blüte steckst.

Sonnenuhr

Du brauchst eine runde Pappscheibe mit einem Durchmesser von 20 bis 40 cm, die ein Loch in der Mitte aufweist. Die Pappscheibe legst du auf eine freie Rasenfläche und befestigst sie mit einem 25 bis 30 cm langen Holzstäbchen (oder geradem Stöckchen) im Boden. Dieses Holzstäbchen dient auch als Zeiger deiner Sonnenuhr. Nun brauchst du nur noch eine Uhr und einen Bleistift: Immer, wenn deine Uhr die volle Stunde zeigt, zeichnest du den Schattenwurf des Stäbchens auf die Pappe und schreibst die Uhrzeit daneben. Fertig ist die Sonnenuhr!

Herbst im Garten

Spaß im Laub!

Fast unmerklich werden die Tage kürzer, das Sonnenlicht ist nicht mehr so grell und gelbe, rote und braune Farben ziehen in den Garten ein. Jetzt werden überall die Früchte reif. Denn Herbstzeit ist Erntezeit. Auch die bunten Sommerblumen werden nun von den dunkleren Herbstblumen, etwa Astern, abgelöst. Beobachte, wie die Samen in den Sonnenblumen reifen. Lass ein paar Sonnenblumen über den Winter stehen, denn Vögel lieben die Samen.

Die Blätter der Bäume verfärben sich von Grün nach Braun, Gelb oder Rot und mit den ersten Herbststürmen werden sie zu Boden geweht. Hast du Lust, dich in einem Laubhaufen zu verstecken oder laut raschelnd durch hohes Laub zu rennen?

Auf hohen Bäumen und Stromleitungen versammeln sich Schwalben und andere Zugvögel, um gemeinsam zum langen Flug in den Süden zu starten. Alle Vögel, die sich von Insekten ernähren und die ihre Nahrung nicht auf Pflanzliches umstellen können, verlassen uns jetzt, weil sie bei uns im Winter nicht mehr genügend Futter finden.

Das passiert noch im Herbstgarten:

- Eichhörnchen und Eichelhäher legen sich Vorräte aus Nüssen, Eicheln und anderen Baumfrüchten an.
- Die Kastanien werden reif – aus ihnen kannst du tolle Sachen basteln.
- Die meisten Pilze sprießen nun.
- Wildfrüchte reifen heran. Schlehen, Hagebutten und Vogelbeeren etwa sind eine wichtige Nahrung für Vögel, Mäuse und andere Tiere.
- Wespen, Hummeln und Hornissen sterben, nur die Königinnen überleben den Winter in einem geschützten Versteck.

Das kannst du in dein Gartenforscherbuch eintragen

- Wann hast du die letzte Schwalbe gesehen?
- Wann hast du den ersten Drachen steigen lassen?
- Wie lange braucht eine Kreuzspinne, um ein neues Netz zu bauen?
- Holen sich Eichhörnchen Haselnüsse, die du ihnen in einer Schale anbietest?

Aus Hagebutten kannst du Tee und Marmelade kochen. Lässt du sie einfach am Strauch, werden sie mit dem ersten Frost ganz süß, sodass sie den Vögeln im Winter viel Energie liefern.

Bunte Blätter

Bevor die Blätter von den Bäumen fallen, holen sich die Bäume das wertvolle Blattgrün aus den Blättern und speichern es. Du kannst beobachten, wie sich die Blätter von Tag zu Tag mehr verfärben. Dazu pflückst du jeden Tag ein Blatt von einem Baum, presst es (mit Datumsangabe) in einem dicken Buch und klebst es dann auf ein Blatt Papier. Daneben schreibst du den Namen des Baumes und das Datum.

Früchte erkunden

Im Herbst gibt es Früchte und Samen im Überfluss – vielleicht auch in deinem Garten. Sieh mal, ob du Bohnen und Erbsen, Äpfel, Birnen, Pflaumen, Trauben und Brombeeren findest. Auch Wildfrüchte wie Vogelbeeren, Walnüsse, Hagebutten, Kastanien, Ahorne und Mispeln wachsen in einigen Gärten. Betrachte die Früchte und Samen von außen und schneide sie dann gemeinsam mit einem Erwachsenen in der Mitte durch.

Das Eichhörnchen sammelt Nüsse.

Der Eichelhäher auch!

Nüsse verstecken

Stelle eine Schale nach draußen und warte ab. Vielleicht kommt bald ein Eichhörnchen, holt sich ein paar Nüsse und versteckt sie. Am besten legst du dich mit einem Fernglas auf die Lauer. Möglicherweise traut sich auch ein Eichelhäher an die Schale heran.

Altweibersommer

Wenn an sonnigen Herbsttagen feine Fäden durch die Luft fliegen und auf der Haut hängen bleiben, dachten die Menschen früher, das seien die silberfarbenen Haare alter Frauen. In Wirklichkeit sind es jedoch ganz feine Spinnfäden, an denen sich Spinnenkinder von einem Ort zum anderen tragen lassen.

Wie viele Spinnen?

Im Herbst sind Rasen, Büsche, Blumen und Hecken morgens oft von ganz feinen Tautröpfchen bedeckt – auch die Spinnennetze. Jetzt ist die beste Zeit herauszufinden, wie viele Spinnen in deinem Garten leben. Siehst du, dass Spinnen unterschiedliche Netze bauen? Manche sehen wie kleine Dächer aus, andere wie kugelförmige Gewirre, wieder andere wie regelmäßige Räder.

Blasen pusten macht Spaß!

Wie entsteht Erde?

Im Herbst gibt es viele Abfälle im Garten: Blätter, Früchte, Stängel und Zweige. Sammle diese Sachen und lege sie zusammen mit Obst- und Gemüseresten in einen Schuhkarton, den du an einer geschützten Stelle im Garten platzierst, zum Beispiel zwischen Sträuchern oder neben dem Komposthaufen. Im Herbst und Winter passiert noch nicht sehr viel, im Frühling jedoch kannst du viele kleine Tiere entdecken, die sich durch die Pflanzenreste wühlen. Das sind die „Müllarbeiter", die aus den Pflanzenabfällen neue Erde machen.

Kürbis-Seifenblasen

Das ist ein schillerndes Experiment für kleine Gärtner: Presse den Saft aus frisch geernteten Stängelstücken einer Kürbispflanze und vermische ihn mit wenigen Tropfen Wasser. Dann tunkst du das Ende eines Trinkhalms in die Flüssigkeit. Wenn du nun vorsichtig durch den Halm pustest, entstehen seifenblasenähnliche Blasen. Probiere dieses Experiment auch mit dem Saft aus Gurken- oder Zucchinistängeln.

Regenwürmer locken

Stecke ein 30 cm langes Lineal etwa zu einem Drittel in die Erde und trommle mit den Fingern darauf. Mit etwas Glück kriechen Regenwürmer aus der Erde. Dafür gibt es zwei mögliche Gründe: Entweder sie halten das Getrommel für einen nahenden Maulwurf, der sie verspeisen möchte, oder für Regen, der dafür sorgen könnte, dass sie in ihren unterirdischen Gängen ertrinken.

Die Arbeit der Regenwürmer

Hast du ein etwas größeres durchsichtiges Gefäß? Dann kannst du die Arbeit der Regenwürmer erforschen. Fülle es mit Erde aus deinem Garten – am besten mit verschiedenen Schichten, zum Beispiel unten Lehmboden und darüber lockere, sandige Erde. Oben drauf legst du eine Schicht Laub. Nun setzt du ein paar Regenwürmer in das Gefäß. Du kannst zusehen, wie sie die Erde durchgraben und das Laub nach unten ziehen. So verwandeln sie abgestorbene Pflanzenteile in neue Erde.

Es hat geklappt. Ein Regenwurm ist gekommen!

Zielwurf

Sammle ein paar Baumfrüchte für ein Geschicklichkeitsspiel: Schaffst du es, alle in einen Korb zu werfen, der 5 bis 10 m weit entfernt auf dem Boden steht? Du kannst den Korb auch mit einem Seil an einen Ast hängen. Wenn du keine Baumfrüchte mehr hast, nimm kurze Stöckchen oder kleine Steine. Genauso viel Spaß macht es, mit Kastanien oder den anderen Sachen auf Schachteln oder Dosen zu zielen, die nebeneinander auf einer Mauer stehen. Das scheppert schön!

Wer trifft in die Mitte?

Spiel mit Kletten

Lege eine alte Decke auf den Boden und male mit einem dicken Stift Kreise darauf. In die Mitte malst du einen dicken Punkt. Jetzt hängst du die Decke an eine Wand oder an die Wäscheleine. Besorge ein paar Kletten, trommle deinen Freundinnen und Freunde zusammen und schon geht's los. Werft aus etwa 3 m Abstand eure Kletten auf die Decke. Je kleiner der Kreis, desto mehr Punkte gibt's. Sieger ist das Kind, das den Punkt in der Mitte trifft.

Wer ist der kräftigste Storch?

Bevor die Weißstörche im Herbst in die südlichen Winterquartiere starten, messen sie ihre Kräfte. Dein Freund und du, ihr seid Störche. Stellt euch zunächst auf einem Bein gegenüber auf. Dann legt jeder seine Hände an die des anderen. Achtung – fertig – los: Jetzt versucht jeder, den anderen aus dem Gleichgewicht zu bringen. Derjenige, der zuerst sein zweites Bein aufsetzen muss, hat verloren. Schubsen gilt nicht. Seid ihr zu viert, so spielen in der zweiten Runde die Sieger der beiden ersten Wettkämpfe gegeneinander.

Im Spinnennetz

Auf dem Boden von Terrasse oder Hof malst du mit Straßenkreide ein großes Spinnennetz, im Erdboden kannst du das Netz auch mit einem Stöckchen „malen". Dann hüpfst du mit deinen Freunden auf einem oder beiden Beinen im Spinnennetz herum, ohne die Fäden zu berühren. Derjenige, der sie berührt, bleibt wie eine Fliege an dem Faden kleben – und ist ausgeschieden.

Garten-Mobile

Mit einem Handbohrer bohrst du gemeinsam mit einem Erwachsenen Löcher in Rindenstücke, Kastanien und Nüsse. Dann fädelst du auf dickeren Fäden mehrere Teile zusammen mit Federn, kleinen Zapfen, Hagebutten, Vogelbeeren und Blüten auf. Zum Schluss bindest du die Fäden an einen dicken Ast, den du in dein Zimmer hängen kannst.

Leckeres für die Vögel

Statt die Sachen an einen Ast zu hängen, kannst du sie auch in einem Rahmen aus vier mit Bast zusammengebundenen Ästen befestigen. Wenn du jetzt noch Apfelschnitze, mit Erdnüssen und Rosinen gefüllte Netze und verschiedene Wildfrüchte ergänzt und das Ganze nach draußen hängst, freuen sich sicher die Vögel.

Jeder Abdruck sieht anders aus.

Mit Blättern drucken

Mit bunten Herbstblättern kannst du Lesezeichen, Geschenk- und Briefpapier, Heft- und Briefumschläge verzieren. Entweder klebst du die Blätter direkt auf oder du bestreichst sie dünn mit Plakatfarbe, legst sie vorsichtig auf das zu bedruckende Papier und ziehst sie genauso vorsichtig wieder ab.

Ein Gasthof für Igel

Um gut über den Winter zu kommen, fressen sich die Igel im Herbst eine dicke Fettschicht an. Du kannst den Igeln helfen und ihnen auf deiner Terrasse Futter anbieten: Dazu mischst du Igeltrockenfutter mit Katzendosenfutter. Damit keine Katzen aus der Nachbarschaft das Futter fressen, stellst du den Futternapf unter eine umgedrehte Obstkiste, bei der du zuvor eine der vier obersten Latten entfernt hast. Ob ein Igel kommt?

Igel fressen gern Insekten, Schnecken und Fallobst.

Ein Winterquartier für Igel

Im Spätherbst ziehen sich die Igel in ein Versteck zurück und halten dort bis zum nächsten Frühjahr Winterschlaf. Als Versteck eignen sich zum Beispiel Laubhaufen und Holzstapel. Wenn du Lust hast, kannst du aus Steinen, Holz und Laub ein Quartier bauen. Und wenn du wissen willst, ob ein Igel eingezogen ist, streue rund um die Steine etwa 5 cm Sand aus. Im glatt geharkten Sand erkennst du dann seine Fußspuren. Viel Glück!

Winter im Garten

Noch einen Mund aus Stöckchen ins Gesicht drücken – fertig ist der Schneemann!

So wie du in der Nacht schläfst und Kraft für den nächsten Tag schöpfst, so ruht sich die Natur im Winter aus: Die meisten Tiere verschlafen den Winter oder verbringen die kalten Monate mit bewegungslos erstarrtem Körper an einem geschützten Ort. Die Bäume und Sträucher verharren in Stille, selbst die grünen Nadelbäume machen eine Pause.

Diese Ruhe spürst du bei jedem Schritt durch den Garten: Die meisten Beete sind leer, die Blumen sind welk und bieten zwischen den braunen Stängeln, Blättern und Samenständen zahlreichen Insekten, Spinnen und anderen Krabbeltieren ein gutes Winterversteck. Stör die Tiere nicht, denn jedes Aufscheuchen kostet sie Energie, die sie nicht ersetzen können, weil es kaum Nahrung gibt.

Dennoch gibt es auch im winterlichen Garten viel für dich zu entdecken: Tiere hinterlassen ihre Spuren im Schnee, die Efeufrüchte werden reif und sind beliebte Nahrung bei den Vögeln – und am Futterhäuschen tummeln sich bestimmt schon bald muntere Vögel.

Das passiert noch im winterlichen Garten:

- Auf den Beeten stehen noch Rosen- und Grünkohl, denn sie schmecken nach frostigen Nächten noch besser.
- Aus dem hohen Norden ziehen Seidenschwänze, Bergfinken und andere Vögel zu uns und verbringen die kalten Winterwochen als Gäste bei uns.
- In Waldrandnähe ziehen Eichelhäher gern in die Gärten.
- An Bäumen und Sträuchern sind schon die Blüten- und Blattknospen für das kommende Frühjahr zu sehen.

Das kannst du in dein Gartenforscherbuch eintragen:

- Wie sehen die Früchte von Efeu und Misteln aus, die nun reif sind?
- Welche Vögel besuchen dein Futterhäuschen?
- Welche Tierspuren entdeckst du im Garten?
- Wann hat es das erste Mal geschneit?

Forschertipps

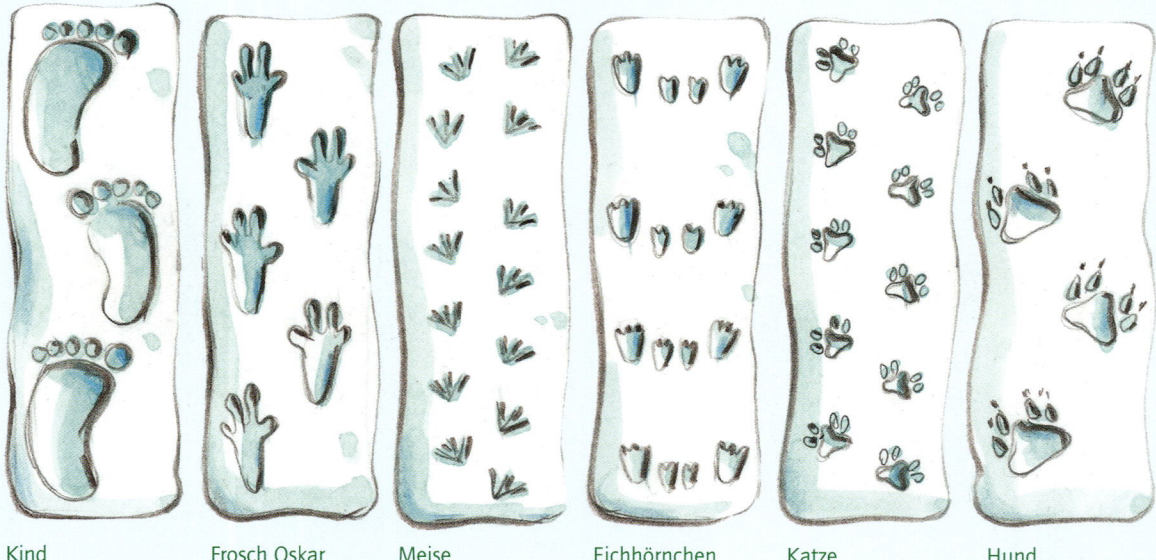

| Kind | Frosch Oskar | Meise | Eichhörnchen | Katze | Hund |

Blüten im Winter entdecken

Mitten im Winter gibt es im Garten ein paar Pflanzen, die trotz Kälte ihre Blüten öffnen: die Zaubernuss etwa oder die weißen Christrosen. Entdeckst du noch mehr?

Christrose

Zaubernuß

Tierspurensuche

Im Schnee hinterlassen nicht nur Menschen bei jedem Schritt Spuren, sondern auch die Tiere. Wenn du einer Tierspur nachgehst, erfährst du, wohin das Tier gelaufen und wo es hergekommen ist. Spuren verraten dir außerdem, ob das Tier gemütlich gegangen (enger Abstand zwischen den Spuren) oder eilig gelaufen ist (großer Abstand zwischen den Spuren). Je mehr Spuren du erkundest, desto mehr wirst du zum richtigen Spurenexperten.

Meisen siehst du wahrscheinlich häufig.

Selten ist der Zaunkönig zu Besuch.

Ein Rotkehlchen bekommst du schon eher zu Gesicht.

Auch der Grünfink findet sich gern am Futterhäuschen ein.

Vögel am Futterhaus

In einer kalten Winternacht verliert ein Vogel bis zu einem Fünftel seines Körpergewichts – so viel Energie braucht er, um seine Körpertemperatur gleich bleibend auf über 40 Grad Celsius zu halten (du hättest bei einer solchen Körpertemperatur Fieber, aber für Vögel ist das normal). Darum brauchen Vögel besonders morgens ein energiereiches, leicht erreichbares Frühstück – zum Beispiel an deinem Futterhaus. Was du den Vögeln anbieten kannst, steht auf Seite 45. Mit etwas Glück finden sich viele verschiedene Vogelarten ein. Am besten legst du dich am Fenster mit einem Fernglas auf die Lauer.

Wie wirkt Streusalz?

In einem kleinen Experiment kannst du erforschen, wie Streusalz dafür sorgt, dass kein Glatteis entsteht. Stelle an einem Tag mit frostigen Temperaturen zwei Schalen ins Freie. In die eine füllst du klares Wasser, in die andere Salzwasser (dazu rührst du zwei bis drei Teelöffel Salz in das Wasser). Du wirst herausfinden, dass das klare Wasser zu Eis gefriert, das Salzwasser dagegen nicht. Der Grund: Damit Salzwasser gefriert, muss es viel, viel kälter sein.

Schnee zum Schmelzen bringen

Lege an einem sonnigen Wintertag auf die geschlossene Schneedecke auf dem Rasen ein Stück Alufolie sowie ein gleich großes Stück schwarze Pappe. Beobachte, unter welchem Material der Schnee schneller schmilzt. Ganz klar: Unter der schwarzen Pappe! Die schwarze Farbe fängt die Sonnenstrahlen auf und wandelt sie in Wärme um, während die glänzende Alufolie das Sonnenlicht zurückwirft.

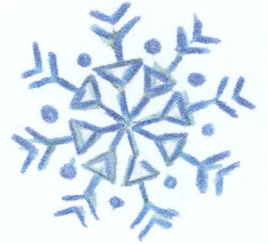

Erbsen knallen lassen

Fülle ein leeres Glas etwa 2 cm hoch mit Wasser. Dann gibst du so viele getrocknete Bohnen, Erbsen oder Linsen hinein, bis das Glas ganz voll ist. Stell es auf einen Teller oder eine Metallplatte – und warte ab. Dann passiert es – die unteren Hülsenfrüchte quellen auf und schubsen die oberen heraus, die dann auf die Unterlage knallen.

Mini-Feuerwerk

Schäle eine Mandarine oder eine Apfelsine und zerreibe die Schale zwischen deinen Fingern. Riechst du den leckeren Duft? Der stammt von den ätherischen Ölen, die in den kleinen sichtbaren Kugeldrüsen stecken. Mit diesen Ölen kannst du gemeinsam mit deinen Eltern ein duftendes Mini-Feuerwerk machen. Halte ein Schalenstück etwa 1 cm neben eine Kerzenflamme, sodass die Schalenaußenseite zur Kerze hin zeigt. Dann knickst du die Schale schnell zusammen, sodass kleine Tröpfchen in die Kerzenflamme spritzen. So entstehen knisternde Funken, die herrlich duften.

Spaß macht's, wenn's scheppert!

Schneespiele

Weil es im Winter kalt ist, sind Spiele gut, bei denen du dich ganz viel bewegst. So bleibst du warm!

- Anstelle eines Schneemanns kannst du aus dem Schnee Figuren bauen, einen großen Pinguin etwa oder einen Eisbär.
- Versuche, eine so riesige Schneekugel zu bauen, dass du sie nicht mehr rollen kannst.
- Liegt ganz viel Schnee, kannst du mit deinen Freunden eine Schneemauer oder gar ein Iglu bauen.
- Male mit Schneebällen große Bilder an eine Wand – dazu wirfst du die Schneebälle an die Wand, sodass sie den Umriss eines Seesterns, eines Baumes oder eines Menschen ergeben.
- Gemeinsam mit deinen Freundinnen und Freunden kannst du Fußabdrücke in den Schnee machen. Wer errät, welcher Abdruck von wem stammt?

Halm-Wettziehen

Halte im Garten Ausschau nach langen Grashalmen, die stehen geblieben sind. Wenn du zwei gefunden hast, reißt du sie aus oder schneidest sie ab. Jetzt kannst du zusammen mit einem Freund ein spannendes Wettziehen veranstalten. Halte die Enden deines Halmes so, dass ein „Hufeisen" entsteht. Dein Freund steckt seinen Grashalm hindurch und hält die Enden ebenfalls fest. Los geht's! Zieht so fest ihr könnt! Welcher Halm hält länger? Es ist erstaunlich, wie stabil Halme sind!

Schatz gefunden!

Schatzsuche

Auch im Winter kannst du auf Schatzsuche gehen. Bitte deine Eltern, im Schnee oder in einem Eimer voller Sand ein paar Schätze zu verstecken, zum Beispiel Zapfen und Wildfrüchte aus dem Garten, Murmeln oder Muscheln aus dem letzten Urlaub, vielleicht auch ein paar schöne Steine. Dann ziehst du dich warm an und gräbst los. Oder du siebst den Sand nach und nach durch, bis du die kleinen Schätze gefunden hast.

Windlicht aus Eis machen

Wenn es draußen so kalt ist, dass die Pfützen zufrieren, kannst du ein zauberhaftes Windlicht basteln. Stelle dazu einen kleinen Becher in einen größeren. Dann füllst du in den Raum zwischen den beiden Bechern Wasser bis zur Oberkante des kleinen Bechers, in den du noch ein paar Steine zum Beschweren gibst. Nun stelle das Ganze nach draußen in die Kälte. Wenn das Wasser gefroren ist, entferne die beiden Becher und stelle ein Teelicht ins Eis – das sieht wunderschön aus!

Würziges Badewasser

Du brauchst etwa 300 g Nadeln von Fichten, Tannen, Lärchen, Kiefern oder von eurem Weihnachtsbaum. Zerkleinere die Nadeln mit einer Schere und übergieße sie vorsichtig in einem Topf mit 2 Litern kochendem Wasser. Lass dir dabei von einem Erwachsenen helfen. 10 Minuten ziehen lassen und dann ins Badewasser geben. Das riecht super und tut gut.

Eiszauber!

Vogelfutter selbst gemacht

Im Winter, wenn die Vögel kaum etwas zu fressen finden, kannst du ihnen viele leckere Sachen anbieten.

- Körnerfresser wie Finken, Gimpel, Sperlinge und Kleiber fressen Sonnenblumenkerne, Hirse, Hafer und gehackte, ungeröstete und ungesalzene Erdnüsse.
- Meisen, Buntspechten und anderen Vögeln kannst du ein selbst gemachtes Fettfutter anbieten. Erhitze dazu in einem Topf mit der Hilfe eines Erwachsenen 250 g Rindertalg. Wenn der Talg flüssig ist, rührst du Haferflocken, Weizenkleie, gehackte Erdnüsse (ungesalzen, ungeröstet) und etwas Leinsamen unter. Dann füllst du das Fettfutter in Förmchen, zum Beispiel große Ausstechförmchen für Plätzchen, oder formst Knödel daraus. Nach dem Erkalten gibst du die Meisenknödel in ein Kunststoffnetz und löst das Fettfutter aus den Förmchen. Faden dran befestigen und draußen aufhängen.
- Amseln und Rotkehlchen freuen sich über ausgelegte Apfelschnitze und Rosinen. Hmm, lecker!
- Dem Zaunkönig schmecken getrocknete Insekten und Mehlwürmer. Lege sie in eine am Boden stehende Schale.

Wie eine Biene sehen

Bienen, Katzen und Kaninchen können kein Rot sehen, Pferde hingegen kein Blau und viele Insekten kein Grün. Um die Welt mit den Augen von Tieren zu sehen, schneidest du dir aus festem Karton drei Brillen zurecht. In die Öffnungen der ersten Brille klebst du durchsichtige rote Folie, in die der zweiten Brille blaue und in die der dritten grüne Folie aus dem Bastelgeschäft. Dann kann dein Experiment beginnen: Sieh dir die verschiedenen Blumen, Blätter und Früchte im Garten mit den verschiedenen Brillen an.

Bei Vollmond den Garten erkunden

Nachts sieht es draußen ganz anders aus als tagsüber. Das kannst du besonders gut in einer Vollmondnacht erleben. Sobald es draußen dunkel ist und der Mond scheint, erkundest du mit ausreichend warmer Kleidung deinen Garten: Bäume, Sträucher, Gartenecken, Wände und Beete wirken ungewöhnlich. Vielleicht fallen dir jetzt Dinge auf, die du tagsüber gar nicht wahrgenommen hast.

Tierforscher mit lustigen Brillen

Wettervorhersage aus dem Garten

Einige Tiere und Pflanzen im Garten verraten dir, wie das Wetter wird.

Das Wetter wird oder bleibt schön, wenn ...

... die Gänseblümchen ihre Blüten öffnen,

 ... die Grillen zirpen,

... die Glühwürmchen im Dunkeln leuchten,

 ... die Schwalben weit nach oben fliegen,

... nachts Frösche und Kröten quaken.

Das Wetter wird oder bleibt schlecht, wenn ...

... die Maulwürfe Erdhügel aufwerfen,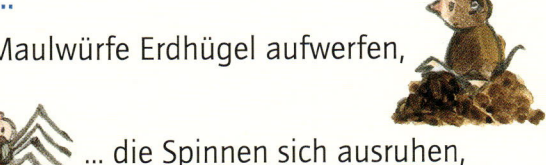

 ... die Spinnen sich ausruhen,

... die Mücken lästig werden,

... viele Regenwürmer unterwegs sind,

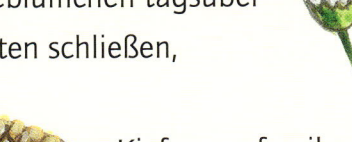 ... die Schnecken wandern,

... Gänseblümchen tagsüber ihre Blüten schließen,

... Kiefernzapfen ihre Schuppen hoch klappen.

Verstecke im Garten

Nichts ist schöner, als sich in ein lauschiges Versteck zurückzuziehen. Von dort aus den Eltern bei der Gartenarbeit zuschauen, mit Freunden tuscheln oder einfach ein bisschen träumen – wunderbar! Ein einfaches Versteck kann hinter einem bepflanzten Hochbeet oder Büschen liegen. Lecker, wenn es Beerensträucher sind!

Praktisch ist auch ein Geflecht aus Ästen und Zweigen, das du schräg an eine Mauer, eine Schuppenwand oder einen dicken Baum lehnen kannst. Lege zunächst fünf Äste mit 20 bis 30 cm Abstand nebeneinander auf den Boden. Dann flichtst du dünnere Äste ein und befestigst sie mit Schnur oder dünnem Draht an den Ästen, damit nichts verrutscht. Zur Abdichtung eignen sich Zweige von Nadelbäumen, Grasschnitt und Laub. Eine alte Decke tut's aber auch.

Tipp: Besonders gemütlich wird's, wenn du Kissen oder trockenes Laub auf dem Boden verteilst, ein spannendes Buch und etwas Leckeres zu essen mit in dein Versteck nimmst.

In meiner Hütte bin ich gut versteckt.

Picknick im Garten

Packe in der Küche ein paar Leckereien (Muffins, Obst- und Gemüsestückchen, Käsewürfel und Mini-Würstchen) in einen Korb, lege Sitzdecke, Servietten und Getränke dazu – und schon geht's raus in den Garten zum Picknicken! Anlässe für ein Garten-Picknick gibt es rund ums Jahr:

* **Im Frühling** lädst du deine Familie zum Apfelblütenfest unterm Obstbaum ein.
* **Im Sommer** macht ein Ferienfest im schattigen Tipi Spaß.
* **Im Herbst** ist es schön, ein Erntedankfest neben dem Gemüsebeet zu feiern.
* **Und im Winter** gibt's heißen Punsch im Iglu aus Schnee – oder einfach in der Mittagssonne auf der Gartenbank.

Draußen essen schmeckt doppelt lecker.

Tipp: Wenn die Sonne untergeht, kannst du rund um deinen Picknick-Platz kleine Teelichter anzünden. Schön sind auch Schwimmkerzen auf dem Gartenteich.

Achtung! Beim Picknicken in Sommer und Herbst tauchen gern Wespen auf. Dann musst du bei jedem Biss darauf achten, dass keine Wespe auf deinem Essen oder in deinem Getränk sitzt. Trinke am besten mit einem Trinkhalm!

Quiz für Gartenfreunde

In diesem Buch hast du viele Tiere und Pflanzen kennengelernt, die im Garten leben. Bestimmt bist du schon ein richtiger Experte. Hier kannst du dein Wissen testen. Viel Spaß!

Wer streckt im Frühling als Erster den Kopf aus dem Schnee?

A Schneemann

B Schneeglöckchen

C Osterhase

Richtige Antwort: B

Was macht eine müde Hummel munter?

A Pommes mit Würstchen

B Kartoffelsuppe

C Honig

Richtige Antwort: C

Wo schlafen Bienenkinder?

A Im Wildbienenhotel

B Im Leuchtturm

C Im Kindergarten

Richtige Antwort: A

Wer schmatzt im Garten besonders laut?

A Marienkäfer

B Igel

C Grünfink

Richtige Antwort: B

Wie lockst du Regenwürmer?

A Mit einer Trillerpfeife

B Mit einer Taschenlampe

C Mit einem Lineal

Richtige Antwort: C

Wohin fliegen viele Vögel im Herbst?

A Ins Schwimmbad

B In den Süden

C An den Nordpol

Richtige Antwort: B

Warum heißt die Stinkwanze so?

A Weil sie gern Sachen frisst, die stinken

B Weil sie am liebsten dort schläft, wo es richtig schön müffelt

C Weil sie stinkt, wenn sie sich bedroht fühlt

Richtige Antwort: C

Was verraten die Punkte des Marienkäfers?

A Zu welcher Art der Marienkäfer gehört

B Wie alt der Marienkäfer ist

C Was dem Marienkäfer am besten gefällt

Richtige Antwort: A

Wer kommt frühmorgens aus dem Gartenteich?

A Tiefseeboot

B Schneckenpost

C Libellenlarve

Richtige Antwort: C

Was fressen Schnecken gern?

A Milchreis

B Nudeln mit Tomatensoße

C Salat

Richtige Antwort: C

Fotonachweis

Sticker:

Anne Freßmann

Klappe vorn:

- Honigbiene: www.fotolia.de/Patrizia Tilly
- Wildbiene: www.fotolia.de/ChriSes
- Hummel: www.fotolia.de/Henryk Olszewski
- Wespe: www.fotolia.de/Delphine Debressy
- Schwebfliege: www.fotolia.de/Rudolf Schmidt
- Siebenpunkt-Marienkäfer: www.istockphoto.de/Ale-ks
- Zweipunkt-Marienkäfer: www.istockphoto.de/Sazonoff
- Zweiundzwanzigpunkt-Marienkäfer: www.fotonatur.de/Holger Duty
- Asiatischer Marienkäfer: www.fotonatur.de/ Steffen Schellhorn
- Mädchen mit Lupe: Anne Freßmann
- Wanze von unten: www.fotolia.de/focus finder
- Braune Stinkwanze: www.fotolia.de/Twilight_Art_Pictures
- Grüne Stinkwanze: www.fotolia.de/Christian Pedant
- Lederwanze: www.fotolia.de/DieFliege
- Feuerwanzen: www.istockphoto.de/hsvrs

Klappe hinten:

- Gänseblümen: Creativ Collection
- Mädchen trinkt Tee: Anne Freßmann

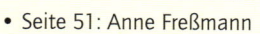
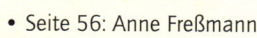

Innenseiten:

- Seite 2: Holger Haag
- Seite 5: Holger Haag
- Seite 6: www.fotonatur.de/Holger Duty
- Seite 7: www.fotonatur.de/Tanja Askani
- Seite 8 (beide Fotos): www.fotonatur.de/Holger Duty
- Seite 9: www.fotonatur.de/Gerd Rossen (Kohlmeise, Amsel), www.fotonatur.de/Sönke Morsch (Blaumeise), www.fotonatur.de/Holger Duty (Star)
- Seite 11: www.fotonatur.de/Steffen Schellhorn
- Seite 12: www.istockphoto.de/wojciech_gajda
- Seite 14: www.fotolia.de/emer

- Seite 15: Anne Freßmann
- Seite 17: www.fotonatur.de/Sönke Morsch
- Seite 18: Anne Freßmann
- Seite 21: Anne Freßmann
- Seite 22: Anne Freßmann
- Seite 23: Anne Freßmann
- Seite 24: Anne Freßmann
- Seite 25: Holger Haag
- Seite 26: www.istockphoto.de/sonyae
- Seite 28: Susanne Tommes
- Seite 29: www.fotolia.de/Sven Petersen (Eichhörnchen), www.fotonatur.de/Gerd Rossen (Eichelhäher)
- Seite 30: Anne Freßmann
- Seite 31: Anne Freßmann
- Seite 32: Anne Freßmann
- Seite 34: Anne Freßmann
- Seite 35: www.fotonatur.de/Tanja Askani
- Seite 36: www.istockphoto.de/Mike_Kiev
- Seite 38 (beide Fotos): www.fotonatur.de/Holger Duty
- Seite 39: www.fotonatur.de/Sönke Morsch (Zaunkönig), www.fotonatur.de/Holger Duty (Rotkehlchen, Grünfink), www.istockphoto.de/rotofrank (Futterhäuschen)
- Seite 41: Anne Freßmann
- Seite 43: Anne Freßmann
- Seite 44: Anne Freßmann
- Seite 46: Anne Freßmann
- Seite 48: Anne Freßmann
- Seite 49: Peter Wattendorff
- Seite 51: Anne Freßmann
- Seite 56: Anne Freßmann

Noch mehr Sachen für Gartenforscher

Oskars großes Gartenbuch
ISBN 978-3-8157-**9774**-7

Mit Stoffapplikation ...

... und Banderole!

Vogelkinder
in deinem Garten
Buch mit Nistkasten
EAN 40-50003-**70356**-5

Inhaltsverzeichnis

Unser besonderer Dank gilt den jungen Garten-Entdeckern
Jette, Lotte und Britta sowie Lina, Anna und Maja.

Alle Tipps und Informationen in diesem Buch
sind sorgfältig ausgewählt und geprüft.
Dennoch können weder Urheber noch Verlag
eine Garantie übernehmen. Eine Haftung für
Personen-, Sach- und Vermögensschäden
ist ausgeschlossen.

5 4 3   15 14 13 12 11
ISBN 978-3-8157-5226-5
© 2011 Coppenrath Verlag GmbH & Co. KG, Münster
Alle Rechte vorbehalten, auch auszugsweise
Text: Bärbel Oftring
Illustrationen: Thomas Röhner
Fotos: siehe Bildnachweis auf Seite 52
Layout: Christine Freßmann
Redaktion: Susanne Tommes
Printed in Italy
www.coppenrath.de